Eagrá

Buntús Focloir

Leagan Gaeilge
den sraithleabhar

The First 1000 Words

Buntéacs: Heather Amery
Pictiúir: Stephen Cartwright
Eagrán Leasaithe: Nicole Irving agus Andy Griffin
Eagarthóir/Aistritheoir: Yvonne Carroll
agus Fiachra Ó Dubhthaigh

Gill & Macmillan

Published in Ireland by
Gill & Macmillan Ltd
Hume Avenue
Park West
Dublin 12
with associated companies throughout the world
© Usborne Publishing Ltd, 1979, 1995
© Irish text, Gill & Macmillan Ltd, 1981, 1996, 2004
978 07171 3752 7
Printed in China

Aimsigh an lacha!
Tá lacha i ngach pictiúr dhá-leathanach.
Aimsigh í – más féidir leat!

Look for the duck!
On each picture across two pages,
there is a duck.
See if you can find it!

Clár/Contents

Sa Bhaile

leaba

tobán folctha

gallúnach

sconna

páipéar leithris

scuab fiacal

uisce

leithreas

spúinse

báisín níocháin

cithfholcadh

seomra folctha

seomra teaghlaigh

tuáille   taos fiacal   raidió   cúisín   dlúthdhiosca   cairpéad   tolg

cathaoir

cuilt

cíor

bráillín

ruga

vardrús

piliúr

cófra tarraiceán

scáthán

scuab

lampa

pictiúir

pionnaí éadaigh

teileafón

staighre

seomra leapa

halla

raiditheoir

físchaiséad

nuachtán

bord

litreacha

5

cuisneoir

gloiní

clog

stól

taespúnóga

lasc

púdar níocháin

eochair

doras

folús-ghlantóir

An Chistin

doirteal

sáspain

'foirc

naprún

bord iarnála

bruscar

6

citeal

sceana

 mapa

ceirt deannaigh

leacáin

scuab urláir

 meaisín níocháin

 méisín deannaigh

 tarraiceán

 sásair

 friochtán

 sorn

 spúnóga

 plátaí

 iarann

 cófra

 éadach soitheach

 cupáin

 lasáin

 scuab

 babhlaí

 7

An Gairdín

fraschanna

barra rotha

coirceog

seilide

brící

colúr

laí

bóín Dé

bosca bruscair

síolta

both

péist

bláthanna

spréire

grafóg

foiche

8

beach

lián

cnámh

fál

forc gairdín

lomaire faiche

cosán

duilleoga

crann

deatach

cruimh chabáiste

ráca

nead

brosna

féar

pram

dréimire

tine chnámh

píobán uisce

teach gloine

9

An Cheardlann

scriúnna

bís

páirín

druilire

dréimire

sábh

min sáibh

féilire

bosca uirlisí

scriúire

pleanc

slisíní plána

scian phóca

10

tacóidí   damhán alla   boltaí   cnónna   téad damháin alla

bairille

cuileog

tua

ribín tomhais

casúr

líomhán

pota péinte

plána

adhmad   tairní   binse   prócaí

11

An tSráid

siopa

poll

caife

otharcharr

pábháil

aeróg

simléar

díon

tochaltóir

óstán

bus

fear

carr Gardaí

píopaí

druilire

scoil

clós súgartha

tacsaí

bealach trasnaithe

monarcha

leoraí

soilse
tráchta

pictiúrlann

veain

rollóir

leantóir

teach

margadh

céimeanna

gluaisrothar

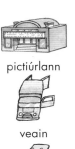

árasáin

rothar

inneall dóiteáin

garda

carr

bean

cuaille
lampa

13

An Siopa Bréagán

orgán béil

foireann traenach

díslí

feadóg adhmaid

róbó

drumaí

muince

ceamara

coirníní

bábóga

giotár

fáinne

teach bábóige

feadóg

blocáin

caisleán

fomhuireán

troimpéad

saighead

14

bogha

paraisiút

bád

péint aghaidhe

rollóir

maisc

carr rásaíochta

capall luascáin

bosca airgid

mirlíní

puipéid

pianó

spásairí

crann tógála

taos súgartha

gunna

saighdiúirí

bosca dathanna

roicéad

15

An Pháirc Phoiblí

luascáin

suíochán

poll gainimh

picnic

eitleog

uachtar reoite

madra

geata

cosán

frog

sleamhnán

16   sleamhnán   torbáin   loch   lanna rollála   tor

leanbh

clár scátála

cré

cairrín páiste

cranndaí bogadaí

páistí

trírothach

éin

ráillí

liathróid

luamh

corda

lochán

éiníní lachan

téad léimní

bláthcheapach

ealaí

iall madra

lacha

crainn

17

An Zú

panda

sciathán

iolar

dobhareach

sciathán
leathair

goraille

lapaí

cangarú

moncaí

cnoc
oighir

piongain

eireaball

mactíre

cleití

crogall

béar

peileacán

crogall

ostrais

deilf

sioraf

leon

coileáin

adharca

fia

camall

rón

béar bán

tortóis

trunc

srónbheannach

eilifint

buabhall

béabhar

gabhar

séabra

nathair

siorc

míol mór

tíogar

liopard

19

Taisteal

iarnród

héileacaptar

inneall

eadarmhataí

carráistí

tiománaí traenach

traein earraí

ardán

bailitheoir ticéad

mála taistil

meaisín
ticéad

Stáisiún na Traenach

An Garáiste

comharthaí

cnapsac

ceannsoilse

inneall

roth

cadhnra

20

eitleán

aeróstach

rúidbhealach

riarthúr

An tAerfort

aeróstach

píolóta

carrfholcadh

cófra bagáiste

peitreal

leoraí tarraingthe

carrfholcadh

tancaer peitril

castaire

bonn

boinéad

ola

caidéal peitril

21

Faoin Tuath

muileann gaoithe

balún

féileacán

laghairt

clocha

sionnach

sruthán

crann comharthaí

gráinneog

sliabh

loc canála

iora rua

foraois

broc

abhainn

bóthar

pubaill   canáil   lomáin   sráidbhaile   leamhan   droichead

báirse

eas

ulchabhán

tollán

coileáin sionnaigh

caochán

iascaire

carraigeacha   buaf   traein   carbhán   cnoc

23

An Fheirm

cruach fhéir

madra caorach

lachain

uain

lochán

sicíní

lochta féir

cró muc

tarbh

éiníní lachan

cró cearc

tarracóir

coileach

geanna

tancaer

scioból

pluda

trucaill

feirmeoir   páirc   cearca   lao   fál   diallait   bótheach

bó

céachta

úllord

stábla

bainbh

aoire

turcaithe

taibhse préachán

féar   caoirigh   cornaí tuí   capall   muca   teach feirme

25

bád seoil

farraige

maide rámha

Cois Farraige

sliogán

teach solais

spád

buicéad

crosóg mhara

caisleán gainimh

scáth fearthainne

bratach

mairnéalach

portán

faoileán

oileán

mótarbhád

sciálaí uisce

tonnta

hata gréine

aill

long

canú

rópa

clocha duirlinge

feamainn

eangach

céasla

bád iascaigh

mútóga

asal

iasc

culaith shnámha

tancaer ola

trá

bád rámhaíochta

cathaoir deice

27

siosúr

suimeanna

scriosán

rialóir

grianghraif

pinn fheilte

tacóidí ordóige

péinteanna

buachaill

Ar Scoil

clár bán

leabhair

peann

gliú

cailc

pictiúr

peann luaidhe

deasc

28

bosca
bruscair

múinteoir

bosca

léarscáil

scuab

síleáil

balla

urlár

leabhar nótaí

abcdefg
hijklmn
opqrstu
vwxyz

aibítir

suaitheantas

uisceadán

páipéar

dallóg

tacas

abcdefg
hijklmn
opqrstu
vwxyz

murlán

planda

cruinneog

cailín

criáin

lampa

29

An tOspidéal

banaltra

flocas cadáis

cógas

ardaitheoir

fallaing sheomra

croisíní

piollaí

tráidire

uaireadóir

teasmhéadar

cuirtín

béirín

úll

plástar

bindealán

cathaoir rothaí

míreanna mearaí

dochtúir

steallaire

30

An Dochtúir

slipéir

ríomhaire

greimlín

banana

caora fíniúna

ciseán

bréagáin

piorra

cártaí

clúidín

bata siúil

teilifíseán

gúna leapa

culaith leapa

oráiste

ciarsúr páipéir

greannán

seomra feithimh

An Chóisir

bronntanais

balún

seacláid

milseán

fuinneog

tinte ealaíne

ribín

cáca

sop óil

coinneal

slabhraí páipéir

bréagáin

32

clementín

salami

caiséad

ispín

criospaí

éide bréige

silín

sú torthaí

sú chraobh

sú talún

bolgán

ceapaire

im

briosca

cáis

arán

scaraoid

An Siopa

mála

seadóg

cairéad

cóilis

cainneann

beacán

cúcamar

líomóid

soilire

aibreog

mealbhacán

cáis

torthaí agus glasraí

oinniún

cabáiste

péitseog

leitís

piseanna

tráta

uibheacha
pluma
plúr
meá
prócaí
feoil
anann
iógart
ciseán
buidéil
mála láimhe
sparán
airgead
bia stáin
prátaí
spionáiste
pónairí
cuntar amach
puimcín
tralaí

35

Bia

bricfeasta

lón nó dinnéar

ubh bhruite

tósta

subh

caife

ubh fhriochta

uachtar

bainne

gránach

seacláid the

siúcra

mil

salann

piobar

taephota

tae

pancóga

rollóga aráin

36

suipéar nó dinnéar

liamhás

anraith

uibheagán

sailéad

borgaire

sicín

cipíní itheacháin

rís

anlann

spaigití

brúitín

píotsa

sceallóga prátaí

milseog

37

Mise

ceann
gruaig
aghaidh

mala

súil

srón

leiceann

béal

beola

fiacla

teanga

smig

géag
uillinn
bolg

cluasa

muineál

guaillí

cliabh

droim

tóin

méara coise
troigh
cos
glúin

lámh

ordóg

méara

38

Mo Chuid Éadaí

stocaí	fobhríste	veist	bríste	bríste géine	T-léine
sciorta	léine	carbhat	bríste gearra	riteoga	gúna
geansaí	geansaí spraoi	cairdeagan	scairf	ciarsúr	
bróga reatha	bróga	cuaráin	buataisí	lámhainní	

pócaí

crios

búcla

sip

iall bróige

cnaipí

poill chnaipe

cóta

seaicéad

caipín

hata

39

Daoine

aisteoir

banaisteoir

príomchócaire

damhsóirí

amhránaithe

spásaire

búistéir

garda

bangharda

siúinéir

fear dóiteáin

ealaíontóir

breitheamh

meicneoirí

gruagaire

leoraí

tíománaí bus

freastalaithe

fear poist

fiaclóir

frogaire

péintéir

báicéir

An Chlann

mac
deartháir

iníon
deirfiúir

máthair
bean
chéile

athair
fear céile

aintín   uncail

col
ceathrar

daideo

mamó

41

Ag Déanamh Rudaí

ag déanamh miongháire

ag gáire

ag caoineadh

ag smaoineamh

ag éisteacht

ag breith ar

ag caitheamh

ag briseadh

ag péinteáil

ag scríobh

ag gearradh

ag tua

ag ithe

ag labhairt

ag iompar

ag ól

ag déanamh

ag léim

ag rómhar

ag lámhacán

ag rince

ag ní

ag cniotáil

42

ag imirt

ag breathnú

ag dreapadh

ag troid

ina chodladh

ag tógáil

ag scipeáil

ag feitheamh

ag cócaireacht

ag dul i bhfolach

ag canadh

ag fuáil

ag léamh

ag ceannach

ag brú

ag séideadh

ag tarraingt

ag scuabadh

ag piocadh

ag titim

ag siúl

ag rith

ina suí

43

Focail Chontrártha

i bhfad

cóngarach

go maith

go holc

barr

bun

fuar

te

fliuch

tirim

thar

faoi

salach

glan

ramhar

tanaí

ar oscailt

dúnta

beag

mór

beagán

mórán

chun tosaigh

chun deiridh

ar clé

amuigh

istigh

éasca

deacair

folamh

lán

bog

crua

aghaidh

ard

mall

tapa

cúl

íseal

fada

gearr

marbh

beo

dorcha

geal

sean

thuas staighre

ar dheis

nua

thíos staighre

45

Laethanta

An Domhnach

An Déardaoin

An Mháirt

An Satharn

An Luan

An Chéadaoin

An Aoine

féilire

maidin

tráthnóna

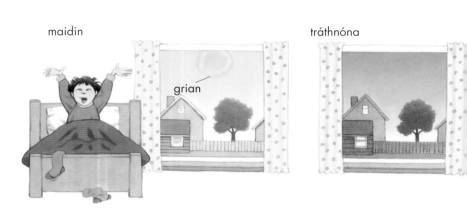

grian

oíche

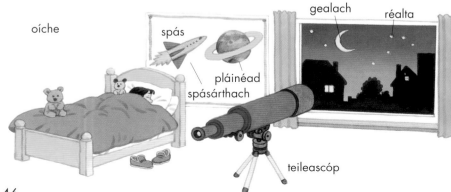

spás

gealach

réalta

pláinéad

spásárthach

teileascóp

46

Laethanta Speisialta

lá breithe

cárta lá breithe

coinneal

bronntanas

cáca lá breithe

saoire

bainis

cáilín coimhdeachta

brídeach

fear nuaphósta

ceamara

grianghrafadóir

Lá Nollag

réinfhia

Daidí na Nollag

carr sleamhnáin

crann Nollag

47

An Aimsir

grian

scamall

scáth fearthainne

báisteach

tintreach

ceo

spéir

sneachta

drúcht

gaoth

ceobhrán

sioc

bogha báistí

Na Séasúir

an tEarrach

an Samhradh

an Fómhar

an Geimhreadh

Peataí

hamstar

muc ghuine

tréidlia

conchró

coileán

madra

bia madra

budragár

pearóid

gob

coinín

canáraí

eánadán

cat

ciseán

luch

piscín

babhla bainne

éisc órga

49

Spórt agus Aclaíoch

rámhaíocht

cispheil

sciáil chláir

seoltóireacht

clársheoltóireacht

cruicéad

carate

raicéad

peil Mheiriceánach

halla gleacaíochta

liathróid

slacán

leadóg

slat iascaigh

iascaireacht

baoite

damhsa

daorchluich

rugbaí

tumadh

linn snámha

snámh

rás

sprioc

boghdóireacht

faoileoireacht shaor

clogad

bogshodar

rothaíocht

sléibhteoireacht

júdó

capall

capaillín

taisceadán

peil

seomra gléasta

marcaíocht

badmantan

scátaí oighir

leadóg bhoird

scátáil

maide sciála

cathaoir iompair

scí

sciáil

iomrascáil sumo

51

Dathanna

oráiste

glas

dubh

liath

dearg

donn

bán

gorm

bándearg

corcra

buí

diamant

coirceog

dronuilleog

ciorcal

réalta

ciúb

ubhchruth

triantán

cearnóg

corrán

Uimhreacha

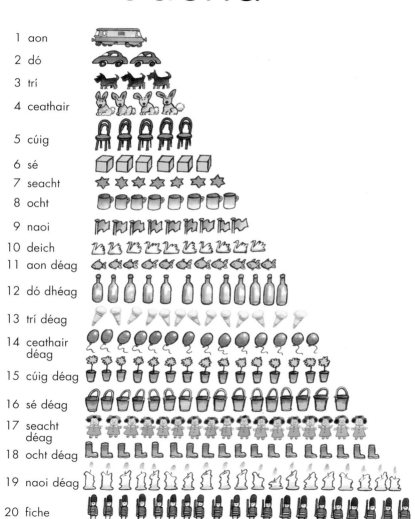

1 aon

2 dó

3 trí

4 ceathair

5 cúig

6 sé

7 seacht

8 ocht

9 naoi

10 deich

11 aon déag

12 dó dhéag

13 trí déag

14 ceathair déag

15 cúig déag

16 sé déag

17 seacht déag

18 ocht déag

19 naoi déag

20 fiche

An Carnabhal

timpeallán

mata

sleamhnán bíse

roth mór

traein taibhse

fáinní

grán rósta

fánán

raon raidhfil

seachnairí

flas candaí

An Sorcas

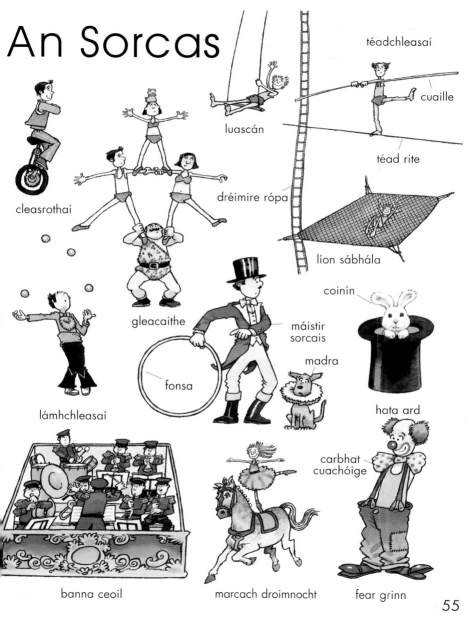

téadchleasaí

cuaille

luascán

téad rite

cleasrothaí

dréimire rópa

líon sábhála

coinín

gleacaithe

máistir sorcais

madra

fonsa

hata ard

lámhchleasaí

carbhat cuachóige

banna ceoil

marcach droimnocht

fear grinn

Lista na bhFocal

a

abhainn 22
adharca 19
adhmad 11
aeróg 12
aeróstach 21
ag breathnú 43
ag breith ar 42
ag briseadh 42
ag brú 43
ag caitheamh 42
ag canadh 43
ag caoineadh 42
ag ceannach 43
ag cniotáil 42
ag cócaireacht 43
ag déanamh 42
ag déanamh miongháire 42
ag dreapadh 43
ag dul i bhfolach 43
ag éisteacht 42
ag feitheamh 43
ag fuáil 43
ag gáire 42
ag gearradh 42
ag imirt 43
ag iompar 42
ag ithe 42
ag labhairt 42
ag lámhacán 42
ag léamh 43
ag léim 42
ag ní 42
ag ól 42
ag péinteáil 42
ag piocadh 43
ag rince 42
ag rith 43
ag rómhar 42
ag scipeáil 43
ag scríobh 42
ag scuabadh 43
ag séideadh 43

ag siúl 43
ag smaoineamh 42
ag tarraingt 43
ag titim 43
ag tógáil 43
ag troid 43
ag tua 42
aghaidh 38, 45
aibítir 29
aibreog 34
aill 27
aintín 41
airgead 35
aisteoir 40
amhránaithe 40
amuigh 45
An Aoine 46
An Chéadaoin 46
An Déardaoin 46
An Domhnach 46
An Luan 46
An Mháirt 46
An Satharn 46
an Fómhar 48
an Geimhreadh 48
an Samhradh 48
an tEarrach 48
anann 35
anlann 37
anraith 37
aoire 25
aon 53
aon déag 53
ar clé 44
ar dheis 45
ar oscailt 44
arán 33
árasáin 13
ard 45
ardaitheoir 30
ardán 20
asal 27
athair 41

b

babhla bainne 49
babhlaí 7
bábóga 14
bád 15
bád iascaigh 27
bád rámhaíochta 27
bád seoil 26
badmantan 51
báicéir 41
bailitheoir ticéad 20
bainbh 25
bainis 47
bainne 36
bairille 11
báirse 23
báisín níocháin 4
báisteach 48
balla 29
balún 22, 32
bán 52
banaisteoir 40
banaltra 30
banana 31
bándearg 52
bangharda 40
banna ceoil 55
baoite 50
barr 44
barra rotha 8
bata siúil 31
béabhar 19
beacán 34
beach 9
beag 44
beagán 44
béal 38
bealach trasnaithe 13
bean 13
bean chéile 41
béar 18
béar bán 19
béirín 30
beo 45

d

e